AF242769

A CEUX QUI VIVENT DE LEUR TRAVAIL

IL NOUS FAUT

HENRI V

PAR

JEAN BOURBONNAIS.

L'exemplaire : 5 centimes.

PRIX : Le cent, franco par la poste : 5 francs.

Le mille, franco en gare : 45 francs.

—

MOULINS

C. DESROSIERS, IMPRIMEUR-ÉDITEUR.

ET CHEZ TOUS LES LIBRAIRES.

IL NOUS FAUT

HENRI V

Un malheureux tombe à l'eau : le courant l'emporte, le tourbillon l'attire ; il lutte, mais ses forces à chaque instant faiblissent. Encore quelques brasses, et l'abîme sera son tombeau.

A ce moment suprême, un homme de cœur et robuste s'élance, lui tend une main vigoureuse et amie ; — c'est le salut qui apparaît.

Mais le malheureux que le danger affole, au lieu de saisir rapidement cette main énergique, entre en pourparlers avec son sauveur, lui fait sur sa manière de nager trop virile des remontrances hors de saison, émet sur la droiture de ses intentions des idées soupçonneuses, use ses dernières forces à formuler des conditions de sauvetage sans lesquelles il refuse d'être ramené au bord.

Et cependant le courant l'entraîne toujours plus rapide, l'abîme mugit plus près.

Qu'arrivera-t-il pour peu que se prolonge cette fatale aberration ?

N'est-ce point là une triste, mais trop fidèle image de la situation actuelle de notre pauvre France.

La révolution, comme un flot impétueux, cherche à l'entraîner à sa ruine. Son Roi est là, qui peut la sauver..... et bien loin de se jeter résolûment entre ses bras, la France hésite, pose à son retour des conditions. — On dirait qu'elle trouve sa main trop sûre ; il semble qu'elle craigne d'être trop complétement sauvée.

Et le temps perdu dans une hésitation déplorable, nous rapproche de plus en plus du gouffre béant de la révolution.

La Révolution, tous nos malentendus lui profitent ; tous nos retards sont pour elle une espérance. Elle croit entrevoir déjà le moment d'assouvir ses coupables convoitises. Les efforts pleins d'hésitation du parti royaliste, elle les prend pour les derniers soubresauts d'un agonisant.

La révolution se croit désormais assurée du triomphe.

Non ! il n'en sera pas ainsi !

La France n'est pas encore à ce point abattue par ses malheurs, qu'entre l'ordre et le désordre, c'est-à-dire entre son salut et sa perte, entre la vie et la mort, elle demeure indifférente !

La France veut vivre, elle veut être sauvée ! et pour cela IL NOUS FAUT HENRI V.

C'est à vous, comme moi hommes du peuple, que je m'adresse, à vous qui vivez de votre peine, à vous qui avez tant à souffrir pendant les époques de révolution.

Où se trouve pour vous la source du bonheur matériel ? Dans la bonne conduite et le travail. Eh bien, est-il abondant le travail pendant la république ? Le commerce marche-t-il ? Faites-vous pendant ce temps des économies sérieuses ? L'ouvrier honnête s'est-il enrichi pendant la révolution de 93, pendant la république de 48 ? Comment vont les affaires depuis trois ans ? Et demain si nous avions la république des Gambetta, des Ranc et des Barodet ; si nous avions, comme beaucoup le convoitent, le règne de la Commune, du pétrole, de l'assassinat, pensez-vous que vous accroîtriez beaucoup votre bien-être ? Et pourtant, si nous n'appelons pas le Roi, c'est vers cette république-là que nous nous précipitons fatalement. Les dernières élections en font preuve.

Certes, à l'ivrogne honteux, plus assidu au cabaret qu'à l'ouvrage, et qui croit bêtement que la révolution le gorgerait de vin, sans payer ; au paresseux incapable qui ambitionne une place où il espère toucher des appointements sans rien faire ; à l'homme cupide et haineux qui voudrait, sans crainte du gendarme, pouvoir s'emparer de la maison, du champ, du bétail, des épargnes de son laborieux voisin ; à tous les déclassés, les vagabonds, les habitués de la police correctionnelle et de la prison, à toute la fange et le rebut du pays, la révolution apparaît comme le seul gouvernement qui puisse assouvir leurs appétits immondes.

Tous ceux-là crient vive la république ! — c'est-à-dire vive la révolution !

Cela se comprend : la révolution c'est le trouble, la confusion, le désordre, l'oppression des bons, le triomphe des mauvais. Tous ceux-là redoutent le retour d'Henri V, avec lequel reviendraient la justice, la force, l'ordre et le respect des lois.

Mais nous, ouvriers laborieux, nous cultivateurs, nous petits commerçants dont toute l'ambition consiste à gagner honnêtement le pain de chaque jour, à suffire aux besoins de notre famille, et à économiser, sou par sou, une modeste épargne pour nos vieux jours, nous savons que le temps de révolution est un temps sans travail et sans gain, pendant lequel l'homme du peuple qui veut demeurer honnête épuise ses économies, se ruine et souffre la famine. Et c'est pour cela que nous voulons un gouvernement fort et durable, qui inspire la confiance aux bons, la terreur aux mauvais, apporte la tranquillité, source du travail et des transactions ; c'est pour cela qu'IL NOUS FAUT HENRI V.

Henri V, c'est le fils et l'hérttier de nos anciens rois ; de ces rois qui ont fait la France grande et glorieuse ; de ces rois qui ont aimé le peuple et dont le règne a été pour lui un temps de réelle prospérité. Et Henri V n'a pas seulement hérité de leurs droits au trône, il a reçu avec leur sang, leur amour pour le peuple et leur désir de nous rendre heureux.

« Auquel de vos ancêtres voudriez-vous ressembler ? » lui demandait-on un jour, alors qu'il était encore enfant. Il répondit sans hésiter : « A Henri IV, le père du peuple ; je veux être Henri IV second ! »

Henri IV second, il l'est non-seulement par l'amour qu'il porte à la France, mais aussi par sa constante préoccupation du bonheur des gens du peuple, et sa royale et aimable bonhomie quand il se trouve au milieu d'eux.

« La royauté, écrivait-il une fois, a toujours été la patronne des classes ouvrières.... En présence surtout des difficultés actuelles, ne semble-t-il pas que, fidèle à toutes les traditions de son glorieux passé, la royauté vraiment chrétienne et vraiment française doive faire aujourd'hui pour l'émancipation et la prospérité morale et matérielle des classe ouvrières, ce qu'elle a fait en d'autres temps pour l'affranchissement des communes ? N'est-ce pas à elle qu'il appartient d'appeler le peuple du travail à jouir de la liberté et de la paix, sous la garantie nécessaire de l'autorité, sous la tutelle spontanée du dévouement et sous les auspices de la charité chrétienne ? »

En 1850. Nous étions alors en république, et comme aujourd'hui le travail allait mal, le commerce languissait.

Henri V, que la révolution avait chassé de France vingt ans auparavant, se trouvait alors à Wiesbaden.

Des ouvriers, des commerçants, des cultivateurs se disent entre eux : « on prétend qu'Henri V nous apporterait le repos, le travail et le bonheur, allons le voir ! »

Et les voilà partis pour Wiesbaden, un bon nombre ensemble.

Une heure après leur arrivée, ils étaient déjà chez le prince. On les introduit dans un salon, et à peine se sont-ils rangés, qu'Henri V entre à son tour.

« Soyez les bienvenus mes amis, leur dit-il, soyez les bienvenus ? »

Et comme ces braves ouvriers, saisis d'une émotion bien naturelle, se tiennent respectueusement à distance. « Allons mes amis, approchez-vous bien près de moi ! »

Les ouvriers font un pas, mais sont encore timides : « Plus près s'écrie le prince, plus près encore, mes enfants ! voyons, que je me sente serré de près par des Français ! »

Cette fois ils s'approchent, l'entourent, leurs habits touchent les siens, ils pressent ses mains royales dans les leurs, les larmes coulent de tous les yeux.

« Ah ! merci mes enfants, leur dit Henri V avec tendresse, merci d'être venu me voir de si loin ! »

Croyez-vous ce trait indigne d'Henri IV ?

Et combien d'autres non moins touchants l'on pourrait citer.

Dans cette même visite à Wiesbaden, un ouvrier malgré les avances du prince, se tenait encore à l'écart et se cachait derrière ses camarades. Henri V l'aperçut. « Eh bien, mon ami, avez-vous peur de moi ? » — « Monseigneur, répond l'artisan, j'ai perdu ma malle en route et ne suis pas vêtu convenablement ; mais je n'ai pu résister au désir de vous voir, et j'espérais pouvoir le faire sans être aperçu. » — Ah ! mon ami, approchez donc, lui dit le Prince en lui tendant la main, que m'importe votre habit ? c'est le cœur que je regarde ! —

Aujourd'hui, comme en 1850, nous avons la république. La république est un temps mauvais pour le peuple honnête qui aime le travail ; et d'un jour à l'autre la république peut amener la révolution, c'est-à-dire le règne de la canaille, et le chomage forcé. Ferons-nous comme en 1850, et laisserons-nous en exil le roi qui nous aime, le seul qui puisse donner sécurité et bonheur ?

Non !
Nous avons méconnu nos intérêts alors. L'invasion étrangère, la honte de Sedan, la perte de l'Alsace et de la Lorraine, la rançon de cinq milliards ; les infamies, le pétrole et les assassinats de la commune, les lourds impôts, les fréquentes banqueroutes, le malaise dans les affaires, nous ont suffisamment ouvert les yeux. Aujourd'hui nous renonçons à courir de nouvelles aventures qui engendreraient de nouveaux malheurs ; aujourd'hui, IL NOUS FAUT HENRI V.

Henri V, pourquoi n'est-il pas aujourd'hui sur le trône ? Pourquoi nos députés semblent-ils avoir abandonné le projet de le rappeler ? On nous avait promis sa venue prochaine. La France l'attendait.

Oui, la France entière, et non pas seulement ceux qui manifestaient hautement leurs espérances. Combien de gens, sans exprimer au dehors leurs sentiments intimes, se réjouissaient au fond à la pensée que nous allions enfin avoir en lui un gouvernement solide. Combien de ceux qui s'étaient dits jusqu'alors partisans de la république se préparaient à crier avec nous : vive le Roi !

Et c'est quand tout est prêt pour le recevoir ; les esprits et les cœurs, que l'on vient nous dire que l'arrivée du Roi est encore reculée !

Que s'est-il donc passé ?

Afin de préparer la restauration de la monarchie. les députés qui forment la majorité de la chambre avaient envoyé un des leurs, l'honorable M. Chesnelong auprès d'Henri V. Il trouva le Roi tel qu'il s'est toujours montré : le vrai Roi, ami de la France, prêt à accorder à notre pays toutes les libertés qui font un grand peuple. « Je n'ai eu, sous ce rapport, disait M. Chesnelong, qu'à enfoncer une porte ouverte » Seulement le roi lui avait dit « je ne veux pas qu'on m'arrache mon drapeau. »

Henri V ne prétendait pas pourtant que jusqu'à son arrivée l'on changeât le drapeau tricolore.

M. Chesnelong, à son tour, en a rendu témoignage en ces termes :

« M. le comte de Chambord n'a l'intention d'humilier ni son pays ni le drapeau de son pays ; il n'est étranger ni aux gloires que la France a acquises sous ce drapeau, ni aux douleurs qu'elle a subies ; il respecte le sentiment de l'armée pour un drapeau teint du sang de nos soldats, et, aurait-il dit notamment, il ne demande pas que rien soit changé à ce drapeau avant qu'il ait pris possession de ce pouvoir.

« M. le comte de Chambord aurait ajouté qu'il se réserve de présenter au pays, par l'entremise de ses représentants, à l'heure qui lui paraîtra convenable, une solution compatible avec son honneur et qu'il croit de nature à satisfaire à la fois l'Assemblée et le pays. »

Le Roi avait promis une solution compatible avec son honneur, et de nature à satisfaire à la fois l'Assemblée et le pays. Que pouvait-on demander de plus ? La parole d'Henri V, n'était-elle pas suffisante ?

Au retour de M. Chesnelong, les députés royalistes se rassemblèrent le 18 octobre et adoptèrent des propositions pour le rétablissement de la monarchie.

« D'après ces propositions, disait le procès-ver-

bal de leur réunion. la monarchie serait rétablie ;
toutes les libertés, politiques et religieuses, qui
constituent le droit public de la France seraient
garanties ; *le drapeau tricolore serait maintenu* et
des modifications ne pourraient y être apportées,
l'initiative royale restant d'ailleurs intacte, que par
l'accord du roi et de la représentation nationale. »

Chacun interprètant à sa manière ces propositions, et commentant ce mot : « *Le drapeau tricolore serait maintenu,* » l'on répéta partout que le
roi avait enfin adopté le drapeau tricolore et re-
noncé à son drapeau blanc.

Ce drapeau blanc dont il avait dit le 5 juillet 1871 :

« Français ! Je suis prêt à tout, pour aider mon
pays à se relever des ruines et à reprendre son
rang dans le monde ; le seul sacrifice que je ne
puisse lui faire, c'est celui de mon honneur. — Je
suis et veux être de mon temps ; je rends un sin-
cère hommage à toutes ses grandeurs, et, quelle
que fût la couleur du drapeau sous lequel mar-
chaient nos soldats, j'ai admiré leur héroïsme et
rendu grâce à Dieu de tout ce que leur bravoure
ajoutait au trésor des gloires de la France. Entre
vous et moi, il ne doit subsister ni malentendu ni
arrière-pensée. — Non, je ne laisserai pas, parce
que l'ignorance ou la crédulité auront parlé de pri-
viléges, d'absolutisme et d'intolérance, que sais-je

encore ? de dîme, de droits féodaux, fantômes que la plus audacieuse mauvaise foi essaie de ressusciter à vos yeux, je ne laisserai pas arracher de mes mains l'étendard de Henri IV, de François Ier et de Jeanne d'Arc. — C'est avec lui que s'est faite l'unité nationale c'est avec lui que vos pères, conduits par les miens, ont conquis cette Alsace et cette Lorraine dont la fidélité sera la consolation de nos malheurs. — Il a vaincu la barbarie sur cette terre d'Afrique, témoin des premiers faits d'armes des princes de ma famille ; c'est lui qui vaincra la barbarie nouvelle dont le monde est menacé. — Je le confierai sans crainte à la vaillance de notre armée; il n'a jamais suivi, elle le sait, que le chemin de l'honneur. Je l'ai reçu comme un dépôt sacré du vieux Roi mon aïeul, mourant en exil ; il a toujours été pour moi inséparable du souvenir de la patrie absente ; il a flotté sur mon berceau, je veux qu'il ombrage ma tombe. — Dans les plis glorieux de cet étendard sans tache, je vous apporterai l'ordre et la liberté.

« Français ! Henri V ne peut abandonner le drapeau blanc de Henri IV ! »

Ce drapeau dont il avait dit encore le 25 juillet 1872 :

« Je n'arbore pas un nouveau drapeau, je maintiens celui de la France, et j'ai la fierté de croire qu'il rendrait à nos armées leur ancien prestige.

« Si le drapeau blanc a éprouvé des revers, il y a des humiliations qu'il n'a pas connues.

« Par mon inébranlable fidélité à ma foi et à mon drapeau, c'est l'honneur même de la France et de son glorieux passé que je défend, c'est son avenir que je prépare.

« En dehors du principe national de l'hérédité monarchique sans lequel je ne suis rien, avec lequel je puis tout, où seront nos alliances ? Qui donnera une forte organisation à nos armées ? Qui rendra à notre diplomatie son autorité ? à la France, son crédit et son rang ?

« Qui assurera aux classes laborieuses le bienfait de la paix, à l'ouvrier la dignité de sa vie, les fruits de son travail, la sécurité de sa vieillesse ?

« Je l'ai répété souvent, je suis prêt à tous les sacrifices compatibles avec l'honneur, à toutes les concessions qui ne seraient pas des actes de faiblesse.

« Dieu m'en est témoin, je n'ai qu'une passion au cœur, le bonheur de la France ; je n'ai qu'une ambition, avoir ma part dans l'œuvre de reconstitution qui ne peut être l'œuvre exclusive d'un parti, mais qui réclame le loyal concours de tous les dévouements.

« Rien n'ébranlera mes résolutions, rien ne lassera ma patience, *et personne*, sous aucun prétexte, *n'obtiendra de moi que je consente à devenir le roi légitime de la Révolution.* »

Vrai, nous gens du peuple, nous avions compris ce fier langage et les raisons du roi. Tout ce qui est franc et loyal, tout ce qui est honneur trouve un écho dans nos mâles poitrines.

D'ailleurs, quand notre pensée se portait sur nos frères captifs de l'Alsace et de la Lorraine, que le drapeau blanc avait jadis rendus français, et que nous nous disions : aujourd'hui ces français si fidèles gémissent sous le joug du prussien farouche et avec eux, le barbare allemand, a conquis et possède tous les drapeaux tricolores de nos malheureux régiments ; — nous ajoutions pour nous consoler : le drapeau blanc arrachera un jour, nos frères à l'esclavage et nos drapeaux tricolores aux musées des Prussiens !

Nous n'étions pas effrayés de voir Henri V revenir avec l'étendard de l'espérance ; « il y a des humiliations qu'il n'a pas connues. »

Et quand l'on s'en allait répéter partout que le Roi renonçait à son drapeau, pour le drapeau tricolore, eh bien, n'est-il pas vrai, que tout en respectant les motifs d'Henri V, nous autres gens du peuple éprouvions un certain serrement de cœur ?

Mais on s'était trompé, et Henri V le déclara solennellement à la France, dans la lettre suivante adressée le 27 octobre à M. Chesnelong, le député qui était allé à Salzbourg, connaître sa pensée.

Salzbourg, 27 octobre 1873.

J'ai conservé, Monsieur, de votre visite à Salzbourg un si bon souvenir, j'ai conçu pour votre noble caractère une si profonde estime, que je n'hésite pas à m'adresser loyalement à vous, comme vous êtes venu vous-même loyalement vers moi.

Vous m'avez entretenu, durant de longues heures, des destinées de notre chère et bien-aimée Patrie, et je sais qu'au retour, vous avez prononcé, au milieu de vos collègues, des paroles qui vous vaudront mon éternelle reconnaissance. Je vous remercie d'avoir si bien compris les angoisses de mon âme, et de n'avoir rien caché de l'inébranlable fermeté de mes résolutions.

Aussi ne me suis-je point ému quand l'opinion publique, emportée par un courant que je déplore, a prétendu que je consentais enfin à devenir le Roi légitime de la Révolution. J'avais pour garant le témoignage d'un homme de cœur, et j'étais résolu à garder le silence, tant qu'on ne me forcerait pas à faire appel à votre loyauté.

Mais puisque, malgré vos efforts, les malentendus s'accumulent, cherchant à rendre obscure ma politique à ciel ouvert, je dois toute la vérité à ce pays dont je puis être méconnu, mais qui rend hommage à ma sincérité, parce qu'il sait que je ne l'ai jamais trompé et que je ne le tromperai jamais.

On me demande aujourd'hui le sacrifice de mon honneur. Que puis-je répondre ? Sinon que je ne rétracte rien, que je ne retranche rien de mes précédentes déclarations. Les prétentions de la veille me donnent la mesure des exigences du lendemain, et je ne puis consentir à inaugurer un règne réparateur et fort par un acte de faiblesse.

Il est de mode, vous le savez, d'opposer à la fermeté d'Henri V l'habileté d'Henri IV. *La violente* amour que je porte à mes sujets, disait-il souvent, me rend tout possible et honorable.

Je prétends, sur ce point, ne lui céder en rien, mais je voudrais bien savoir quelle leçon se fût attirée l'imprudent assez osé pour lui persuader de renier l'étendard d'Arques et d'Ivry.

Vous appartenez, Monsieur, à la province qui l'a vu naître, et vous serez, comme moi, d'avis qu'il eût promptement désarmé son interlocuteur, en lui disant avec sa verve béarnaise : Mon ami, prenez mon drapeau blanc, il vous conduira toujours au chemin de l'honneur et de la victoire.

On m'accuse de ne pas tenir en assez haute estime la valeur de nos soldats, et ce'a au moment où je n'aspire qu'à leur confier tout ce que j'ai de plus cher. On oublie donc que l'honneur est le patrimoine commun de la Maison de Bourbon et de l'armée française, et que, sur ce terrain-là, on ne peut manquer de s'entendre !

Non, je ne méconnais aucune des gloires de ma Patrie, et Dieu seul, au fond de mon exil, a vu couler mes larmes de reconnaissance toutes les fois que, dans la bonne ou dans la mauvaise fortune, les enfants de la France se sont montrés dignes d'elle.

Mais nous avons ensemble une grande œuvre à accomplir. Je suis prêt, tout prêt à l'entreprendre quand on le voudra, dès demain, dès ce soir, dès ce moment. C'est pourquoi je veux rester tout entier ce que je suis. Amoindri aujourd'hui, je serais impuissant demain.

Il ne s'agit de rien moins que de reconstituer sur ses bases naturelles une société profondément troublée, d'assurer avec énergie le règne de la loi, de faire renaître la prospérité au dedans, de contracter au dehors des alliances durables, et surtout de ne pas craindre d'employer la force au service de l'ordre et de la justice.

On parle de conditions ; m'en a-t-il posé ce jeune Prince, dont j'ai ressenti avec tant de bonheur la loyale étreinte, et qui, n'écoutant que son patriotisme, venait spontanément à moi, m'apportant au nom de tous les siens des assurances de paix, de dévouement et de réconciliation ?

On veut des garanties ; en a-t-on demandé à ce Bayard des temps modernes, dans cette nuit mémorab'e du 24 mai, où l'on imposait à sa modestie la glorieuse mission de calmer son pays par une de ces paroles d'honnête homme et de soldat, qui rassurent les bons et font trembler les méchants?

Je n'ai pas, c'est vrai, porté comme lui l'épée de la France sur vingt champs de bataille, mais j'ai conservé intact, pendant quarante-trois ans, le dépôt sacré de nos traditions et de nos libertés. J'ai donc le droit de compter sur la même confiance et je dois inspirer la même sécurité.

Ma personne n'est rien ; mon principe est tout. La France verra la fin de ses épreuves quand elle voudra le comprendre. Je suis le pilote nécessaire, le seul capable de conduire le navire au port, parce j'ai mission et autorité pour cela.

Vous pouvez beaucoup, Monsieur, pour dissiper les malentendus et arrêter les defaillances à l'heure de la lutte. Vos consolantes paroles, en quittant Salzbourg, sont sans cesse présentes à ma pensée : la France ne peut pas périr, car le Christ aime encore ses Francs, et lorsque Dieu a résolu de sauver un peuple, il veille à ce que le sceptre de la Justice ne soit remis qu'en des mains assez fermes pour le porter.

HENRI.

Plus on lit cette lettre, plus l'esprit est frappé de la grandeur et de la loyauté de notre Roi. Seule dans l'univers, la France a produit une race de monarques capables de tenir un pareil langage.

La France alors, volera n'est-ce pas, tout entière à sa rencontre ? Elle va acclamer celui dont l'acte fier et courageux excite l'admiration du monde entier ?

Eh bien, non ! comme si un siècle de révolutions avait désappris l'honneur à notre malheureux pays, — comme si la France eut cessé de comprendre un langage digne, une action loyale ; — comme si elle redoutait la face d'un honnête homme, et d'un vrai Franc ; comme si elle trouvait son sauveur trop fort, trop digne, trop sûr ; — comme si elle eût rêvé un monarque timide, inutile, efféminé une sorte de roi fainéant ;

Tout projet de restauration est abandonné, dès que paraît cette noble lettre ; les députés déclarent impossible une monarchie qui se présente avec des allures si honnêtes et si royales. La France peut périr du coup : quand même, elle n'aura pas son Roi !

Pourquoi cela ? Est-ce que cette nouvelle lettre contient un mot de plus que les anciennes déclarations de 1871 et 1872 ? Est-ce qu'elle parle un autre langage que celui tenu par le Roi à M. Chesnelong ? Est-ce qu'elle rétracte quoi que ce soit des libertés promises ! Est-ce un nouveau programme de gouvernement ?

Pourquoi le Roi, possible hier, ne l'est-il plus aujourd'hui ? Rien n'est changé en lui, où donc se trouve le changement ? Qu'y a-t-il là-dessous de caché et de ténébreux ? De qui cette franchise d'honnête homme déjoue-t-il les combinaisons occultes ? Quelqu'un par hasard comptait-il enlacer le Roi, et lui imposer furtivement des conditions secrètes ? On le croirait, vraiment, à voir le désarroi profond qu'opéra subitement la parole royale. Et parce qu'Henri V se montre Roi, on jetterait la France dans des essais infructueux et des aventures nouvelles !

Vienne en effet à manquer le valeureux soldat qui est à la tête du pouvoir, et demain ce sera la révolution, le triomphe du radicalisme, le règne du mal et du crime, la guerre civile, l'épuisement total du pays, la mort de notre malheureuse patrie.

Debout donc, nous qui ne voulons pas périr !
Debout, nous qui comprenons encore la fierté et
l'honneur ! Debout ouvriers ! Le vieux drapeau
blanc a jadis protégé nos pères, il avait créé les
franchises de leurs corporations, qu'il ombrage
aujourd'hui les fils ; c'est un signe de liberté dans
le travail, un gage de prospérité ! Debout, vieux
pays de France ! Parce qu'il est trop digne du
trône, ton Roi serait forcé à l'exil ; c'est une honte
que tu ne dois plus souffrir ! Debout tous, pour
affirmer hautement qu'il est temps d'en finir avec
la république et qu'IL NOUS FAUT HENRI V !

PUBLICATIONS LÉGITIMISTES

DE JEAN BOURBONNAIS

Le Roi Brochure dédiée aux habitants des villes et des campagnes. — Elle renferme le manifeste du 2 juillet 1874.

Prix de l'exemplaire : 25 centimes.
Le cent : 20 francs.

Almanach Vive le Roi pour 1875 (3ᵉ année).

Prix de l'exemplaire : 10 centimes.
Le cent : 10 francs.

Le Petit Vengeur. Almanach de propagande légitimiste pour 1875 (4ᵉ année).

Il renferme près de 200 pages de texte et donne la liste des foires des départements du centre.

Prix de l'exemplaire : 25 centimes.
Le cent : 18 francs.

—

S'adresser, pour les demandes de ces opuscules, à M. Desrosiers, libraire à Moulins (Allier).